Sing mit mir

Kinderlieder - Kinderreime

Mit Bildern von Hildrun Covi

FAVORIT-VERLAG • RASTATT

Drei kleine Bengelein
saßen auf 'nem Stengelein.
Eins, zwei, drei,
du bist frei.

Eine kleine Dickmadam
fuhr auf einer Eisenbahn;
Eisenbahn, die krachte,
Dickmadam die lachte.

Es klappert die Mühle am rauschenden Bach,
klipp klapp!
Bei Tag und bei Nacht ist der Müller stets wach,
klipp klapp!
Er mahlet das Korn zu dem kräftigen Brot,
und haben wir solches, so hat's keine Not,
klipp klapp, klipp klapp, klipp klapp!

Schnell laufen die Räder und drehen den Stein,
klipp, klapp!
Und mahlen den Weizen zum Mehle so fein,
klipp, klapp!
Und was mit dem Mehle die Mutter dann tut,
das wissen die Kinder und merken sich's gut,
klipp klapp, klipp klapp, klipp klapp!

Zeigt her eure Füße

Im Märzen

1. { Im Mär - zen der Bau - er die Röß - lein ein - spannt;
er setzt sei - ne Fel - der und Wie - sen in - stand.

2. { Die Bäu - rin, die Mäg - de, sie dür - fen nicht ruhn;
sie ha - ben im Haus und im Gar - ten zu tun.

1. Er pflü - get den Bo - den, er eg - get und sät und
2. Sie gra - ben und re - chen und sin - gen ein Lied; sie

1. rührt sei - ne Hän - de früh - mor - gens und spät.
2. freun sich, wenn al - les schön grü - net und blüht.

Ein Vogel wollte Hochzeit machen
in dem grünen Walde.
Fidirallala, fidirallala, fidirallalalala.
Die Amsel war der Bräutigam,
die Drossel war die Braute.
Fidirallala, fidirallala, fidirallalalala.
Der Rab' im schwarzen Röcklein kam
und war der würdige Herr Kaplan.
Fidirallala, fidirallala, fidirallalalala.
Die Meise, die Meise,
die sang das Kyrie-eleise.
Fidirallala, fidirallala, fidirallalalala.

Brautmutter war die Eule,
nahm Abschied mit Geheule,
Fidirallala, fidirallala, fidirallalalala.

Müllers dicke, faule Grete
saß auf dem Baum und nähte.
Plumps - fiel sie herab.
Du bist ab!

Meine Mu, meine Mu,
meine Mutter schickt mich her,
ob der Ku, ob der Ku,
ob der Kuchen fertig wär.
Wenn er no, wenn er no,
wenn er noch nicht fertig wär,
käm ich mo, käm ich mo,
käm ich morgen wieder her.

Die Blümelein, sie schlafen
schon längst im Mondenschein,
sie nicken mit den Köpfchen
auf ihrem Stengelein.
Es rüttelt sich der Blütenbaum,
er säuselt wie im Traum:
Schlafe, schlafe, schlaf ein, mein Kindelein!

Die Vögelein, sie sangen so süß im Sonnenschein
sind nun zur Ruh gegangen in ihre Nestchen klein.
Das Heimchen in dem Ährengrund,
es tut allein sich kund:
Schlafe, schlafe, schlaf ein, mein Kindelein!

Wenn ich ein Vöglein wär,
flög ich wohl übers Meer,
weit, weit hinaus!
Weil's aber nicht kann sein,
bleib ich zu Haus.

Ist ja auch hier so schön,
wo Wald und Tal und Höh`n
lieblich erblüh`n,
wo ich stets wandern kann
lustig im Grün.

Drum, liebes Vöglein klein,
flieg in die Welt hinein,
ich bleibe hier!
Doch wenn der Frühling
kommt, kehr her zu mir!

Fischers Fritze fischt
frische Fische.
Frische Fische fischt
Fischers Fritze.

Der Kuckuck und der Esel,
die hatten einen Streit,
wer wohl am besten sänge
zur schönen Maienzeit.

Der Kuckuck sprach. „Das kann ich!"
und fing gleich an zu schrei`n.
„Ich aber kann es besser!"
fiel gleich der Esel ein.

Das klang so schön und lieblich,
so schön von fern und nah;
sie sangen alle beide:
„Kuckuck, Kuckuck, i - a!"

Schwesterchen, komm, tanz mit mir,
beide Händchen reich ich dir;
einmal hin, einmal her,
rundherum, das ist nicht schwer!

Ei, das hast du schön gemacht,
ei, das hätt` ich nicht gedacht.
Einmal hin, einmal her,
rundherum, das ist nicht schwer!

Heißa, Kathreinerle

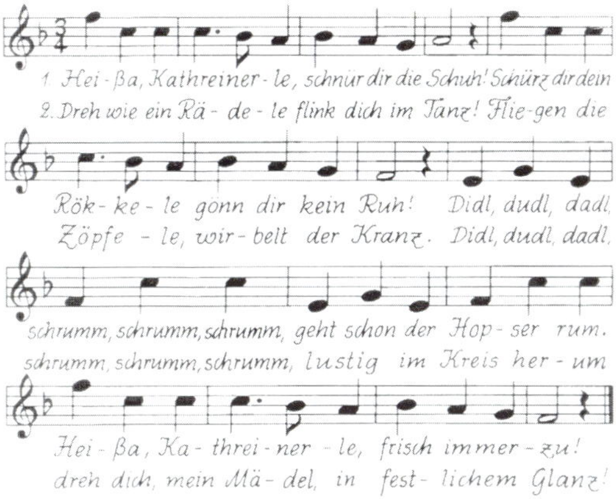

Es tanzt ein Bi-ba-butzemann
in unserm Haus herum, didum.
Es tanzt ein Bi-ba-butzemann in unserm Haus herum.

Er rüttelt sich, er schüttelt sich,
er wirft sein Säckchen hinter sich.
Es tanzt ein Bi-ba-butzemann in unserm Haus herum.

Pitsche-patsche-Händchen,
das kleine gelbe Entchen,

ein Lämmchen und die Liese
die spielen auf der Wiese.

Backe-backe-Kuchen, der Bäcker hat gerufen,
wer will guten Kuchen backen,
der muß haben sieben Sachen:

Eier und Schmalz, Zucker und Salz,
Milch und Mehl,
Safran macht den Kuchen gel.

Lirumlarum Löffelstiel,
alte Weiber essen viel,
junge müssen fasten.

Brot liegt in dem Kasten,
Messer liegt daneben -
ei! was ein lustig Leben.

Eine kleine Zipfelmütze

Der Mai ist gekommen

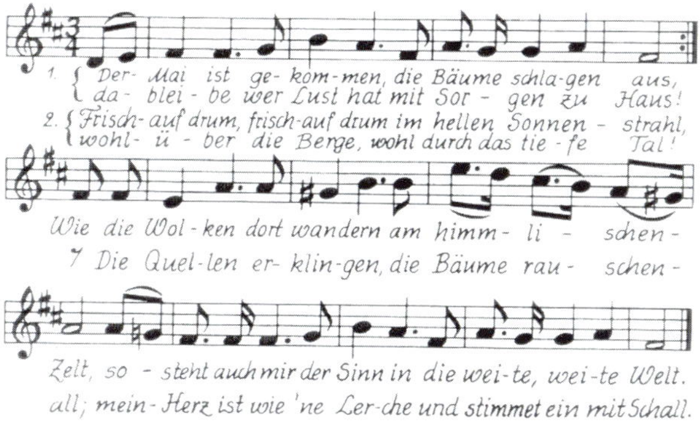

Hopp, hopp, hopp !

Kommt ein Vogel geflogen

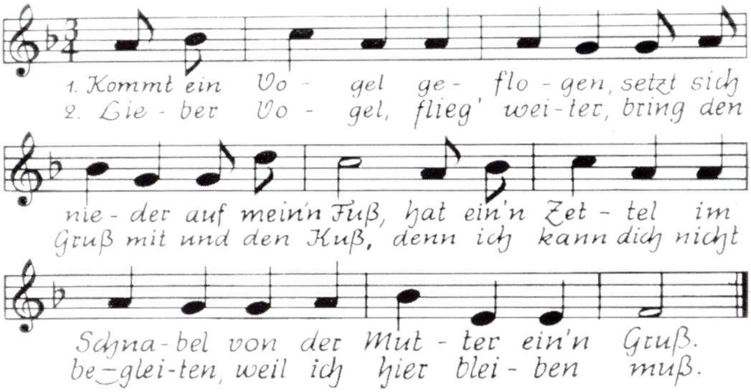

Wem Gott will rechte Gunst erweisen

Der Mond ist aufgegangen,
die goldnen Sternlein prangen
am Himmel hell und klar.
Der Wald steht schwarz und schweiget,
und aus den Wiesen steiget
der weiße Nebel wunderbar.

Wie ist die Welt so stille
und in der Dämm'rung Hülle
so traulich und so hold!
Wie eine stille Kammer
wo ihr des Tages Jammer
verschlafen und vergessen sollt.

So legt euch denn, ihr Brüder,
in Gottes Namen nieder!
Kalt ist der Abendhauch.
Verschon uns, Gott, mit Strafen
und laß uns ruhig schlafen
und unsern kranken Nachbarn auch.

Müde bin ich, geh zur Ruh,
schließe beide Augen zu.
Vater, laß die Augen dein
über meinem Bettchen sein!
Alle, die mir sind verwandt,
Herr, laß ruhn in deiner Hand.
Alle Menschen, groß und klein,
sollen dir befohlen sein!
Kranken Menschen sende Ruh!
Müde Herzen tröste du!
Laß den Mond am Himmel stehn
und die stille Welt besehn!

Ein Männlein steht im Walde